Impressum
Verlag: BABADADA GmbH, Nedderfeld 112 , 22529 Hamburg
Geschäftsführer / Verlagsleitung: Harald Hof
Druck: Books on Demand GmbH, In de Tarpen 42, 22848 Norderstedt

Imprint
Publisher: BABADADA GmbH, Nedderfeld 112 , 22529 Hamburg, Germany
Managing Director / Publishing direction: Harald Hof
Print: Books on Demand GmbH, In de Tarpen 42, 22848 Norderstedt

l'école
škola

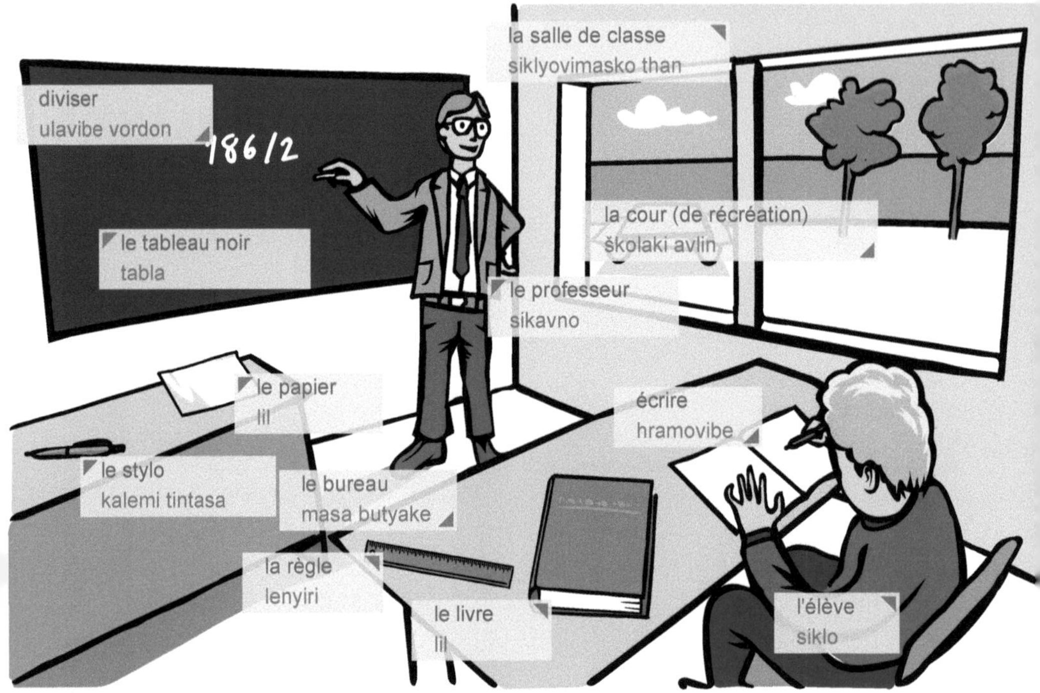

la salle de classe
siklyovimasko than
diviser
ulavibe vordon
186/2
la cour (de récréation)
školaki avlin
le tableau noir
tabla
le professeur
sikavno
le papier
lil
écrire
hramovibe
le stylo
kalemi tintasa
le bureau
masa butyake
la règle
lenyiri
le livre
lil
l'élève
siklo

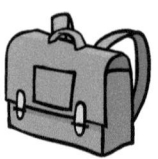

le cartable

dumeski tašna

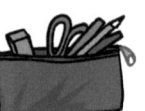

la trousse

kalemengi kutia

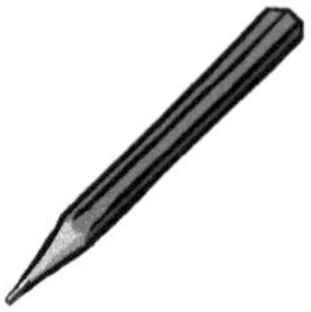

le crayon

kalemi

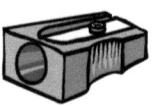

le taille-crayon

kalemengi čhurori

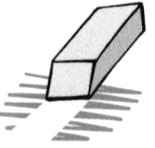

la gomme

kosimaski guma

le carnet à dessin

čitrimasko bloko

le dessin

čitribe

le pinceau

boyimaski frča

la boîte de peinture

boyimaski kutia

les ciseaux

kata

la colle

lepako

le cahier d'exercices

bukjardarimasko lil

les devoirs

khereski buti

12

le chiffre

gendo

2+2

additionner

džide

5-2

soustraire

ikal

2×2

multiplier

multiplicirin

calculer

kalkulirin

A

la lettre

hramome lil

ABCDEFG HIJKLMN OPQRSTU VWXYZ

l'alphabet

alfabeta

le mot

lafo

le texte

teksti

lire

drabaribe

la craie

kreda

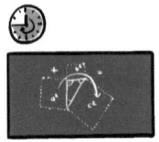

la leçon

lekciya

le livre de classe

Klasesko registro

l'examen

egzameni

le certificat

sertifikato

l'uniforme scolaire

školaki uniforma

la formation

edukacia

le lexique

enciklopedia

l'université

univerziteto

le microscope

mikroskopo

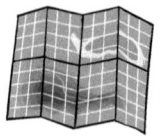

la carte

mapa

la corbeille à papier

korpa čhudimaske lila

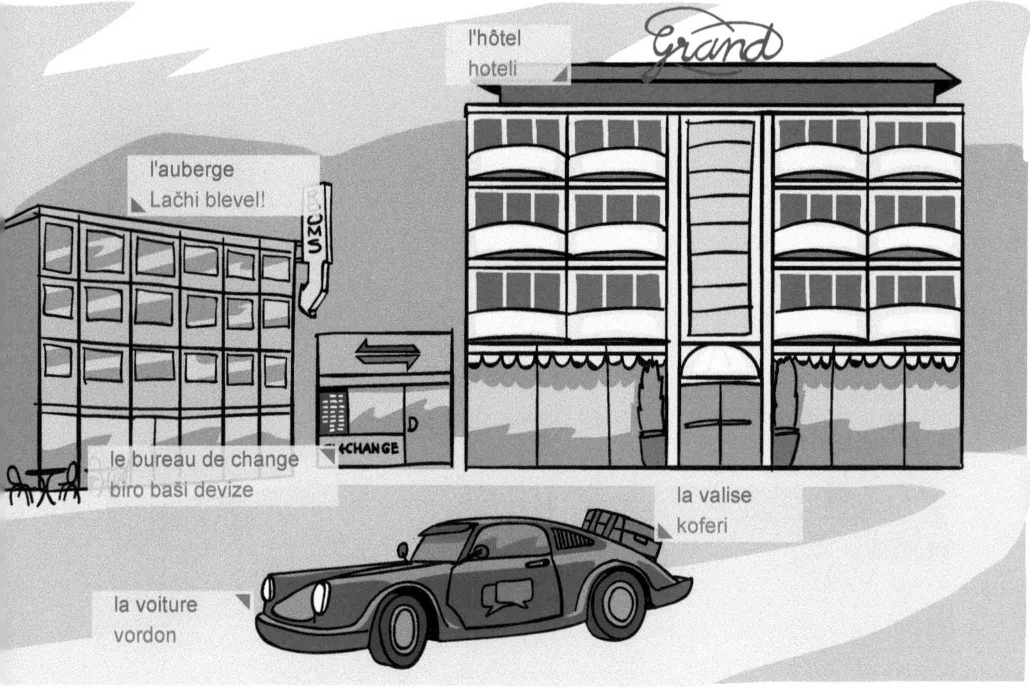

Grand
l'hôtel
hoteli
l'auberge
Lačhi blevel!
le bureau de change
biro baši devize
CHANGE
la valise
koferi
la voiture
vordon

la langue

ćhib

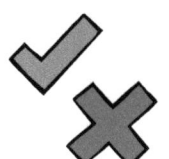

oui / non

va / na

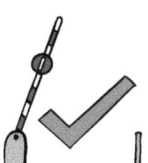

d'accord

Okay

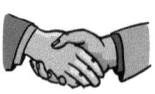

Salut

Namaste

l'interprète

tumači

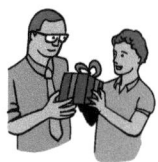

merci

Ov sasto

Combien coûte...?

Kozom si...?

Je ne comprends pas

Na havava

le problème

problemo

Bonsoir !

Lačhi rat!

Bonjour !

Lačhi javin!

Bonne nuit !

Lačhi rat!

Au revoir

ačhon Devlesa

la direction

dromeski sikavin

les bagages

bagaži

le sac

gono

le sac-à-dos

dumesko gono

l'hôte

misafiri

la pièce

kamara

le sac de couchage

sovimasko gono

la tente

cerha

l'office de tourisme

turistikani informacia

la plage

plaža

la carte de crédit

kreditno kartica

le petit-déjeuner

javinako habe

le déjeuner

kušluko

le dîner

ratyako habe

le billet

karta

l'ascenseur

elevatori

le timbre

marka

la frontière

simantra

la douane

adetia

l'ambassade

ambasada

le visa

viza

le passeport

pašaporti

le transport
transporti

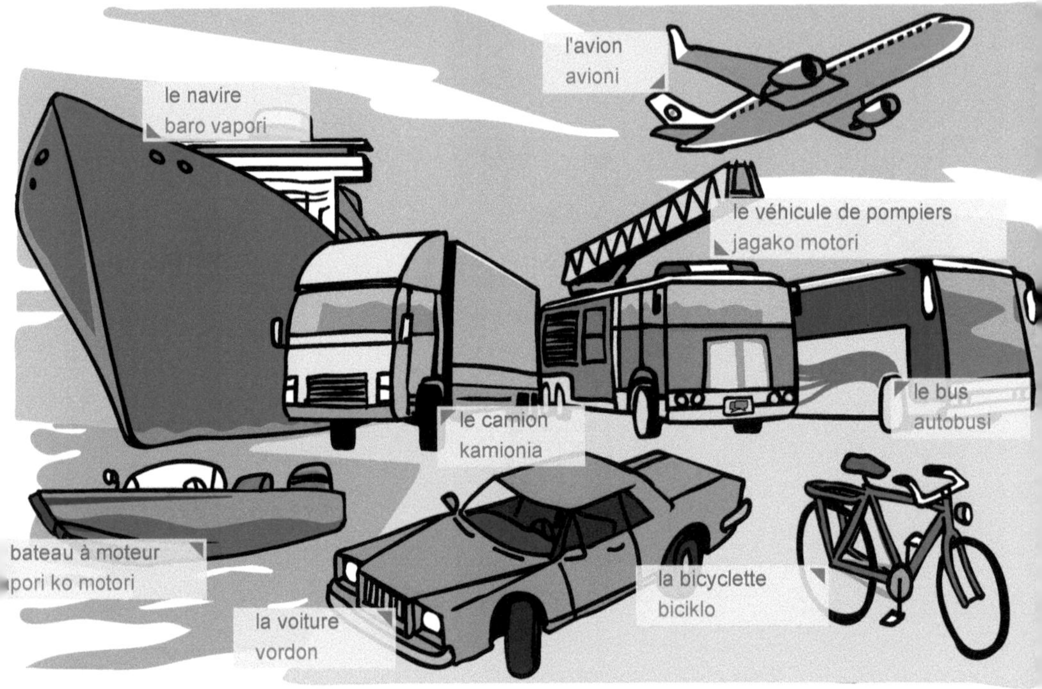

l'avion
avioni
le navire
baro vapori
le véhicule de pompiers
jagako motori
le bus
autobusi
le camion
kamionia
bateau à moteur
pori ko motori
la bicyclette
biciklo
la voiture
vordon

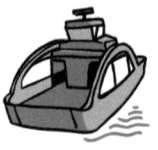

le ferry

feri vapori

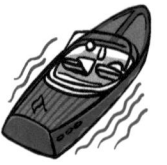

la barque

vapori

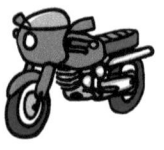

la moto

motorciklo

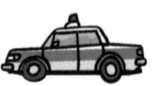

la voiture de police

policiako vordon

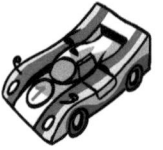

la voiture de course

prastamasko vordon

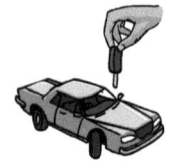

la voiture de location

rentakar

l'auto-partage

ulavibe vordon

la voiture de remorquage

rumosardo kamioni

la benne à ordures

kamionengo than

le moteur

motori

l'essence

petroli

la station d'essence

petrolesko stasioni

le panneau indicateur

trafikoskere išaretia

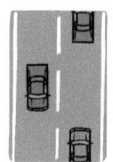

le trafic

trafiko

l'embouteillage

baro trafiko

le parking

vordonesko parkirimasko
than

la gare

pampurengo stasioni

les rails

kamionia

le train

pampuri

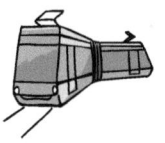

le tramway

tramvaj

le wagon

vagoni

l'hélicoptère

helikopteri

l'aéroport

aeroporti

la tour

kula

le passager

dromarutno

le conteneur

kontejneri

le carton

kartoni

le chariot

vordonoro

la corbeille

sevli

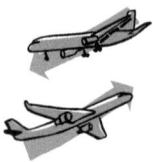

décoller / atterrir

urjalipasko starto /
urjalipasko agor

la ville

diz

le village

gav

le centre-ville

dizyako centro

la maison

kher

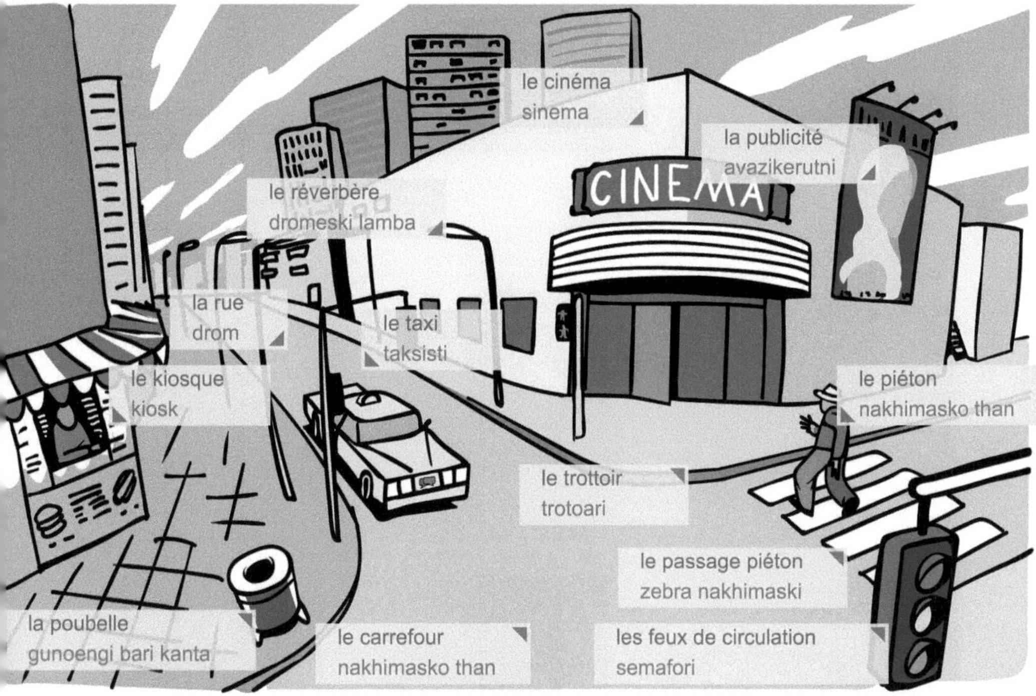

le cinéma
sinema
la publicité
avazikerutni
CINEMA
le réverbère
dromeski lamba
la rue
drom
le taxi
taksisti
le kiosque
kiosk
le piéton
nakhimasko than
le trottoir
trotoari
le passage piéton
zebra nakhimaski
la poubelle
gunoengi bari kanta
le carrefour
nakhimasko than
les feux de circulation
semafori

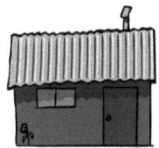

la cabane

koliba

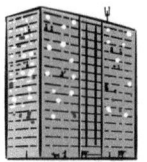

l'appartement

apartmani

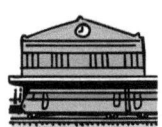

la gare

pampurengo stasioni

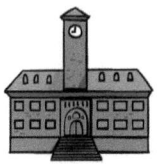

la mairie

dizyaki sala

MUSEUM

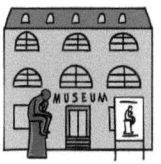

le musée

muzeji

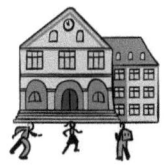

l'école

škola

l'université

univerziteto

la banque

banka

l'hôpital

hospitalo

l'hôtel

hoteli

la pharmacie

apoteka

le bureau

ofiso

la librairie

lil bikinimasko than

le magasin

dukyano

le fleuriste

lulugengo bikinutno

le supermarché

supermarket

le marché

kurko

le grand magasin

baro bikinimasko kher

la poissonnerie

mačhengo astarutno

le centre commercial

kinimasko centro

le port

vaporengo ačhovimasko
than

le parc

parko

la banque

klupa

le pont

purt

les escaliers

merdevenya

le métro

metro stasioni

le tunnel

tuneli

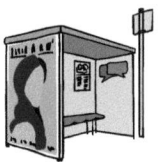

l'arrêt de bus

autobuseski adžikerin

le bar

bar

le restaurant

restorani

la boîte à lettres

poštako mohto

le panneau indicateur

dromesko išareti

le parcmètre

parking than

le zoo

zoo

le réverbère

nangyovimasko bazeni

la mosquée

džamiya

la ferme

farma

la pollution

melalipe

la cimetière

limorengo than

l'église

khangeri

l'aire de jeux

khelimasko than

le temple

hramo

le paysage
pejzaži

la feuille
patrin

le panneau indicateur
išareti

le chemin
drom

le pré
livazin

la pierre
bar

l'arbre
kašt

le randonneur
phiravno

la rivière
len

l'herbe
čar

la fleur
luludi

la vallée
······················
harno than

la montagne
······················
bairi

le lac
······················
devrijal

la forêt
······················
veš

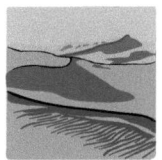

le désert
······················
mulano than

le volcan
······················
vulkano

le château
······················
saraji

l'arc-en-ciel
······················
renkali badalin

le champignon
······················
gaba

le palmier
······················
palma kašt

le moustique
······················
sivrija

la mouche
······················
mak

les fourmis
······················
karandža

l'abeille
······················
birumni

l'araignée
······················
pauko

le coléoptère
buba

la grenouille
žamba

l'écureuil
ververica

le hérisson
kanzauri

le lièvre
šošoj

la chouette
buf

l'oiseau
pakšin

le cygne
lebedi

le sanglier
bali

le cerf
eleno

l'élan
eleno

le barrage
pani garavin

l'éolienne
bavlalaki turbina

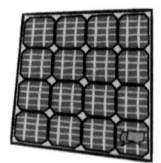

le panneau solaire
solarno paneli

le climat
klima

le restaurant

restorani

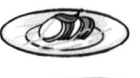

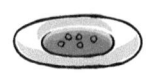

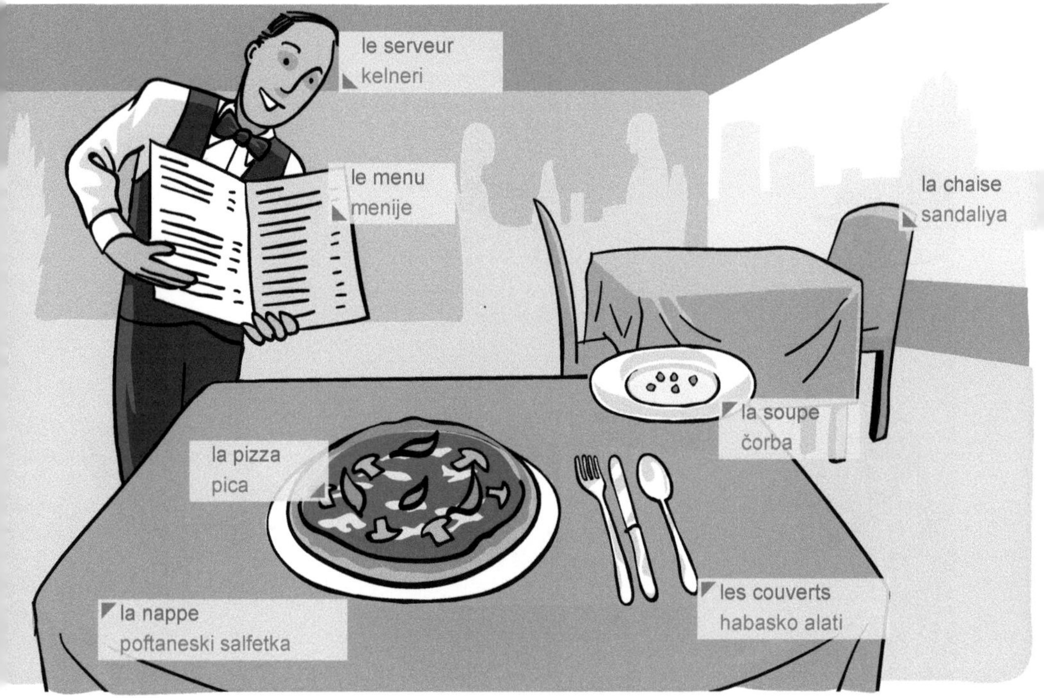

le serveur
kelneri
le menu
menije
la chaise
sandaliya
la soupe
čorba
la pizza
pica
la nappe
poftaneski salfetka
les couverts
habasko alati

les hors d'œuvre

avgo habe

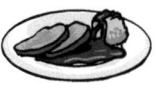

le plat principal

šerutno habe

le dessert

gudlimata

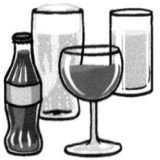

les boissons

piiba

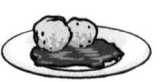

l'alimentation

habe

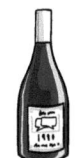

la bouteille

šiša

le fast-food

fast food

les plats à emporter

sokakongo habe

la théière

čajniko

le sucrier

šekereskoro čaroro

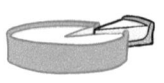

la portion

porcia

la machine à expresso

makina vaš espresso

la chaise haute

uči sandaliya

la facture

esapi

le plateau

apladiya

le couteau

čhuri

la fourchette

vilyuška

la cuillère

roj

la cuillère à thé

čajeski roj

la serviette

salfetka

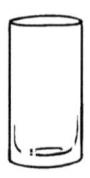

le verre

tahtai

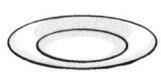

l'assiette

čaro

l'assiette à soupe

čaro čorbake

la soucoupe

hor čaro

la sauce

sosi

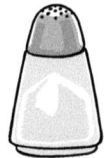

la salière

londesko čaroro

le moulin à poivre

kale biberesko pišlo

le vinaigre

šut

l'huile

zejtini

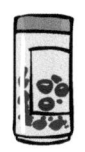

les épices

začinia

le ketchup

kečap

la moutarde

senf

la mayonnaise

majonezi

le supermarché

supermarket

l'offre promotionnelle
specialno oferta
FOR
le client
mušteriya
les produits laitiers
thudeske butya
les fruits
emiši
le chariot
vordonoro

BUTCHERS

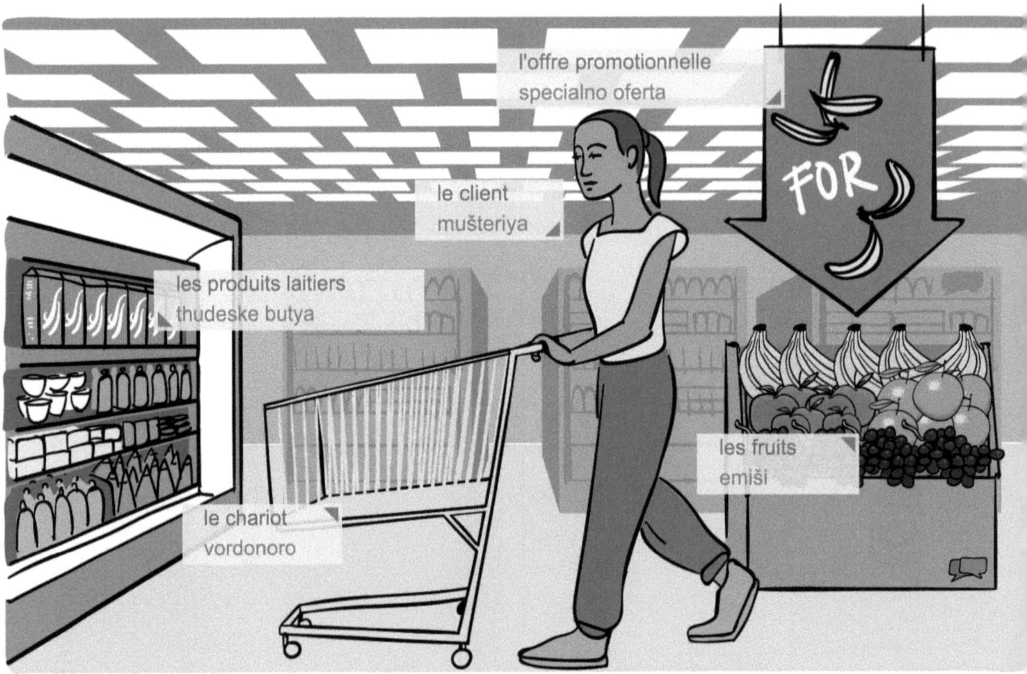

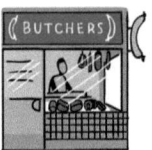

la boucherie

kasapi

BAKERY

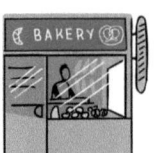

la boulangerie

furuna

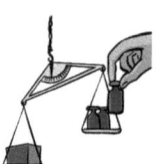

peser

ladavipe

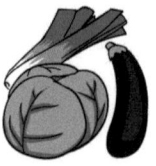

les légumes

zarzavati

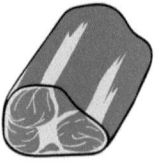

la viande

masesko rolati

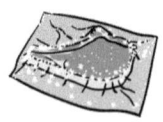

les aliments surgelés

pahome habe

la charcuterie

šudro mas

les conserves

konzerva

la poudre à lessive

thovimasko prašako

les bonbons

gudlimata

les articles ménagers

khereske butya

les détergents

užarimaske butya

la vendeuse

bikinutno

la caisse

kasapi

le caissier

kasieri

la liste d'achats

kinimaski patrin

les heures d'ouverture

putarimaske satura

le portefeuille

lovengi tašna

la carte de crédit

kreditno kartica

le sac

gono

le sac en plastique

plastikano gono

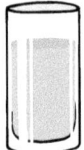

l'eau

pani

le jus de fruit

džus

le lait

thud

le coca

kola

le vin

mol

la bière

bira

l'alcool

alkohol

le chocolat chaud

kakao

le thé

čaj

le café

kafa

l'expresso

espresso

le cappuccino

cappuccino

la banane

banana

la pomme

phabaj

l'orange

portokali

le melon

kavuni

le citron.

limoni

la carotte

karota

l'ail

sir

le bambou

bambusi

l'oignon

purum

le champignon

gaba

les noisettes

akhora

les pâtes

humereske butya

les spaghetti

špageti

le riz

rezo

la salade

salata

les pommes frites

čipsi

les pommes de terre rôties

peke kompiria

la pizza

pica

le hamburger

hamburger

le sandwich

sendviči

l'escalope

kotleti

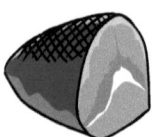

le jambon

žamboni

le salami

salama

la saucisse

goja

le poulet

khajnako mas

le rôti

peko

le poisson

mačho

les flocons d'avoine

popara

le muesli

musli

les cornflakes

kornfleks

la farine

varo

le croissant

kroasani

les petits-pains

masesko rolati

le pain

maro

le pain grillé

tosti

les biscuits

biskotia

le beurre

puteri

le fromage blanc

urda

le gâteau

torta

l'œuf

jaro

l'œuf au plat

peke jare

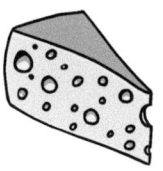

le fromage

kiral

la glace

šudro gudlo

le sucre

šekeri

le miel

avgin

la confiture

džem

la crème nougat

čokoladaki krema

le curry

kari

la ferme
farma

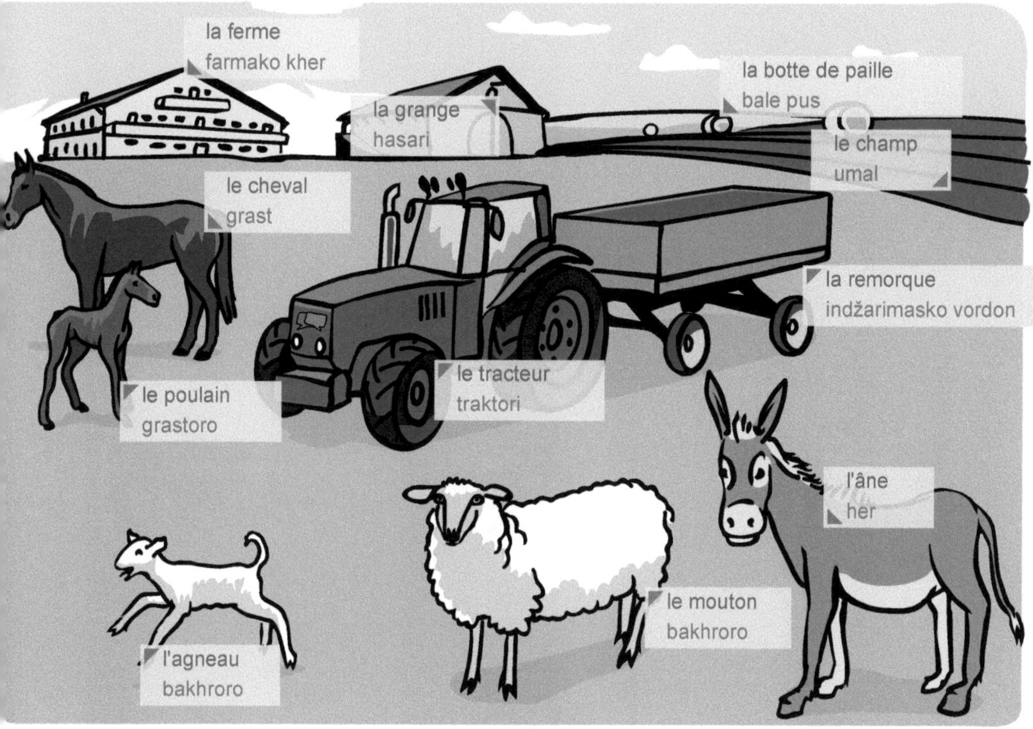
la ferme
farmako kher
la grange
hasari
la botte de paille
bale pus
le champ
umal
le cheval
grast
la remorque
indžarimasko vordon
le tracteur
traktori
le poulain
grastoro
l'âne
her
le mouton
bakhroro
l'agneau
bakhroro

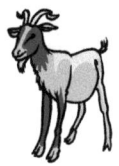

la chèvre
buzno

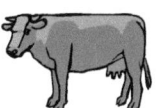

la vache
guruvni

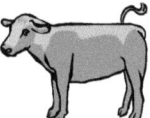

le veau
guruvoro

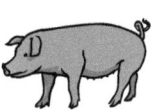

le porc
balo

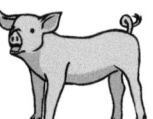

le porcelet
baloro

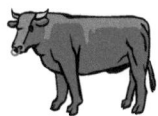

le taureau
guruv

l'oie

papin

le canard

payka

le poussin

pilička

la poule

khayni

le coq

bašno

le rat

baro germuso

le chat

bilika

la souris

germuso

le bœuf

guruv

le chien

džukel

le chenil

džukelesko kher

le tuyau de jardin

žardina

l'arrosoir

panyarimaski kanta

la faucheuse

aindžako kidimasko alati

la charrue

plugo

la faucille

srpo

la pioche

motika

la fourche

aindžaki vilyuška

la hache

tover

la brouette

vordonoro phiravutno

la cuve

balani

le pot à lait

thudeski šiša

le sac

harari

la clôture

trujalutni

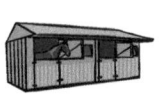

l'étable

jahri

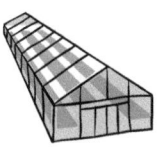

le serre

haryalo kher

le sol

phuv

les semences

seme

l'engrais

gyubre

la moissonneuse-batteuse

aindžako kidipe

la ferme - farma

récolter

kidibe aindž

la récolte

harmani

l'igname

phuvaki phabaj

le blé

giv

le soja

soja

la pomme de terre

kompiri

le maïs

mumuruzi

le colza

šarlagani

l'arbre fruitier

emišengo kašt

le manioc

Kasava

les céréales

giveskere javinlukoja

la maison

kher

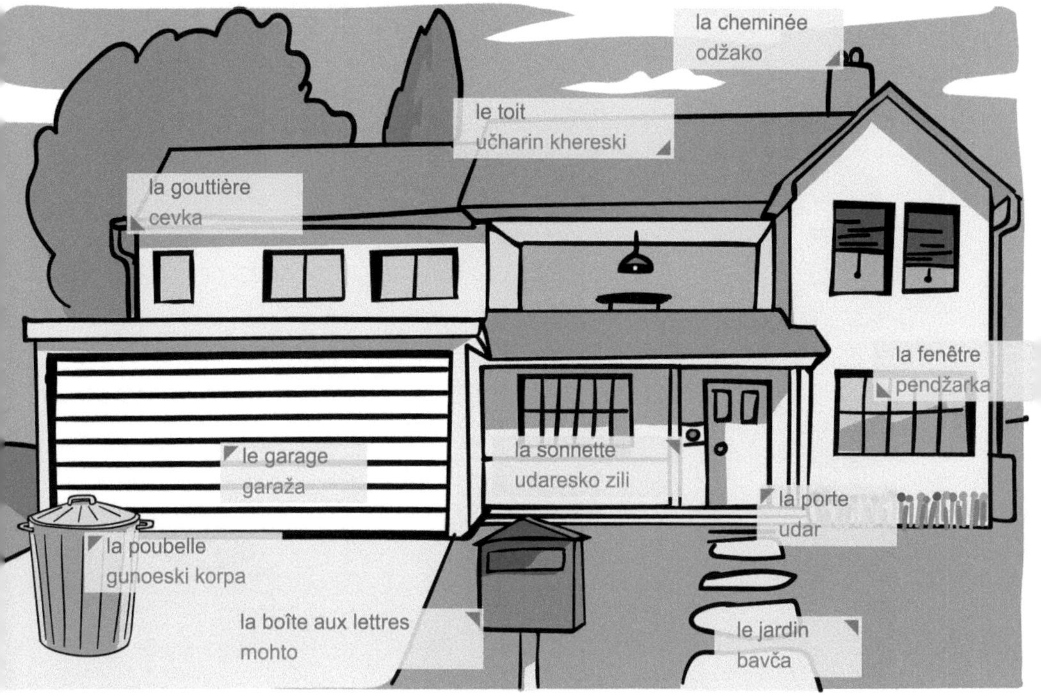

la cheminée
odžako
le toit
učharin khereski
la gouttière
cevka
la fenêtre
pendžarka
le garage
garaža
la sonnette
udaresko zili
la porte
udar
la poubelle
gunoeski korpa
la boîte aux lettres
mohto
le jardin
bavča

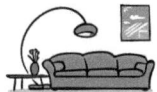

le salon

bešimaski kamara

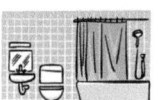

la salle de bain

banya

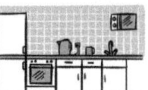

la cuisine

kujna

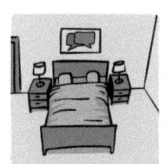

la chambre à coucher

sovimasko than

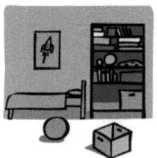

la chambre d'enfant

čhavengi kamara

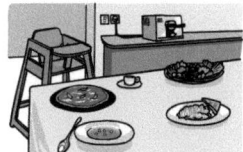

la salle à manger

than hajbaske rakjako habe

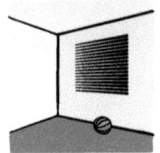

le sol

kati

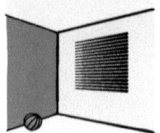

le mur

duvari

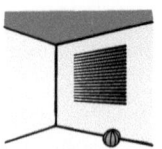

le plafond

tavano

la cave

špajzi

le sauna

sauna

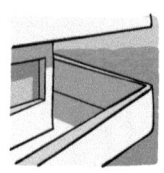

le balcon

terasa

la terrasse

terasa

la piscine

bazeni

la tondeuse à gazon

čar harnyarimaski makina

la housse

patrin

la couette

čaršafia

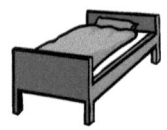

le lit

kreveto

le balai

šulavni

le sceau

korpa

l'interrupteur

elektrikani phabarin

le salon

bešimaski kamara

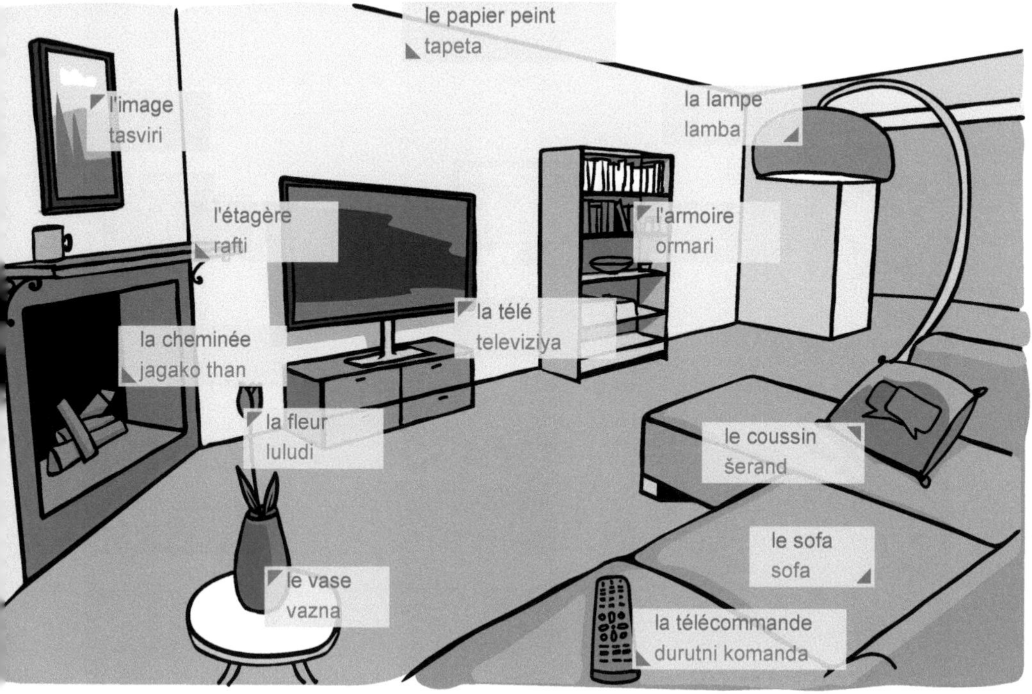
le papier peint
tapeta
l'image
tasviri
la lampe
lamba
l'étagère
rafti
l'armoire
ormari
la télé
televiziya
la cheminée
jagako than
la fleur
luludi
le coussin
šerand
le sofa
sofa
le vase
vazna
la télécommande
durutni komanda

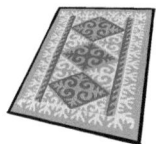

le tapis

kilimi

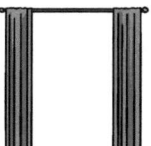

le rideau

perde

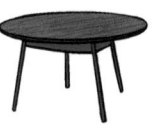

la table

masa

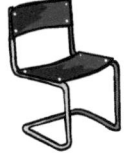

la chaise

sandaliya

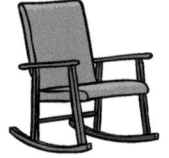

la chaise à bascule

kunajka sandaliya

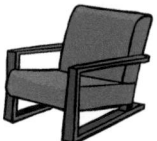

le fauteuil

fotelya

le livre

lil

la couverture

kebe

la décoration

dekoraciya

le bois de chauffage

kašta phabarimaske

le film

filmi

la chaîne hi-fi

stereo ašunimaske butya

la clé

nahtari

le journal

gazeta

la peinture

frčaja bojakeribe

le poster

posteri

la radio

radio

le bloc-notes

hramovimasko bloko

l'aspirateur

elektrikani šulavni

le cactus

kaktusi

la bougie

momoli

la cuisine
kujna

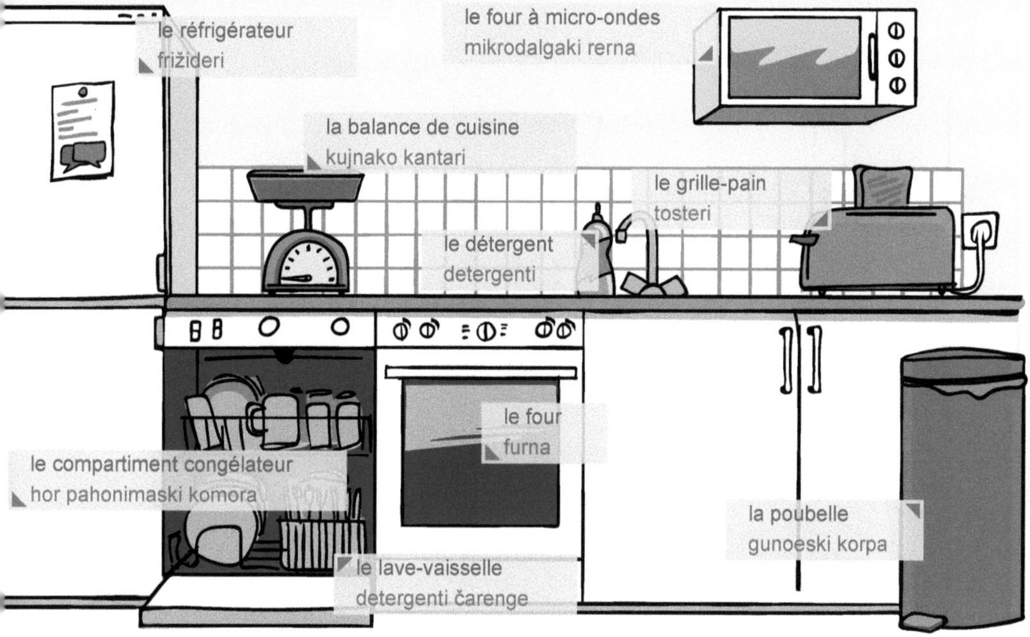
le réfrigérateur
frižideri
le four à micro-ondes
mikrodalgaki rerna
la balance de cuisine
kujnako kantari
le grille-pain
tosteri
le détergent
detergenti
le four
furna
le compartiment congélateur
hor pahonimaski komora
la poubelle
gunoeski korpa
le lave-vaisselle
detergenti čarenge

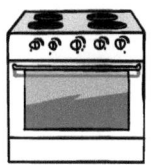

le four

keravimasko than

la casserole

čaro

la marmite

sastrnali tendžera

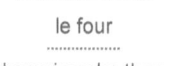

le wok / kadai

vok cihani

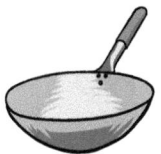

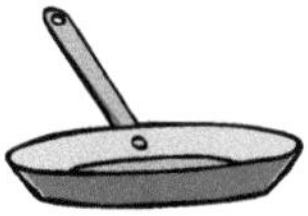

la poêle

tava

la bouilloire electrique

elektrikano bokali

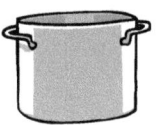

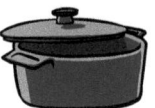

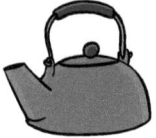

le cuiseur vapeur

tendžera ki para

la plaque de cuisson

tepsija

la vaisselle

čare

le gobelet

bareder fildžano

la coupe

čaro

les baguettes

kinakere habaskere kaštore

la louche

fioka

la spatule

špatula

le fouet

vastesko mikseri

la passoire

cedimasko čaro

le tamis

porizen

la râpe

rende

le mortier

avano

le barbecue

skara

la cheminée

puteribe jag

la planche à découper

čhinimaski tabla

le rouleau à pâtisserie

oklagia

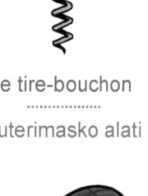

le tire-bouchon

puterimasko alati

la boîte

konzerva

l'ouvre-boîte

konzervako puterutno

les maniques

čaresko ikerutno

le lavabo

lavabo

la brosse

frča

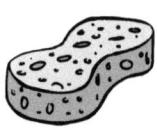

l'éponge

sungeri

le mixeur

mikseri

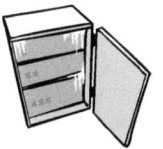

le congélateur

hor pahonimasko frižideri

le biberon

bebeski šiša

le robinet

češma

la salle de bain

banya

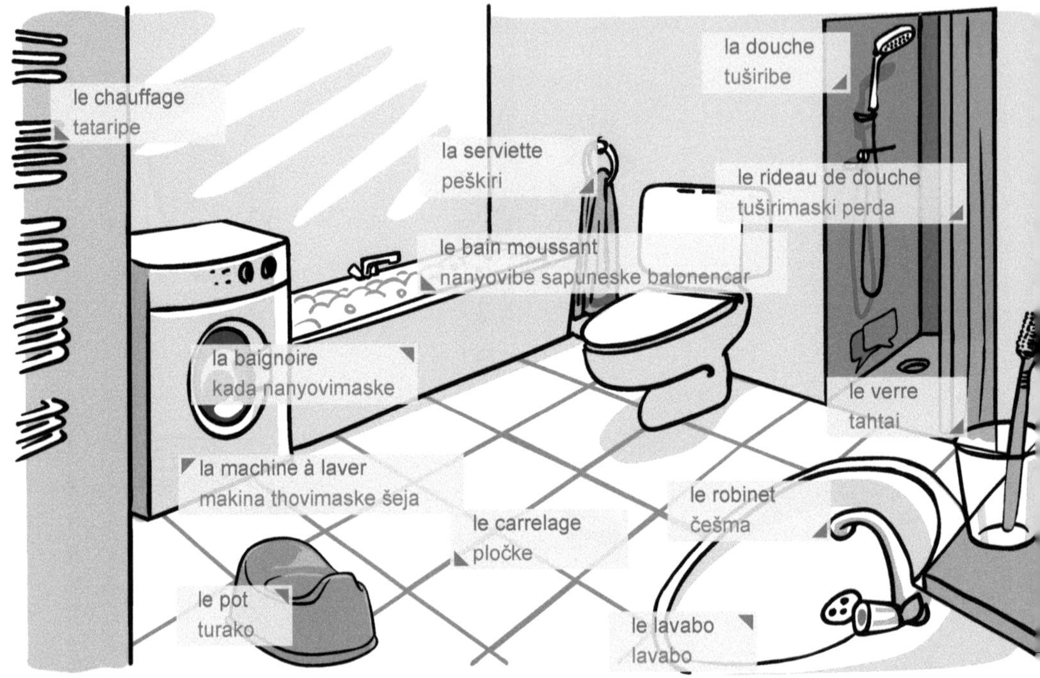

le chauffage
tataripe
la serviette
peškiri
la douche
tuširibe
le rideau de douche
tuširimaski perda
le bain moussant
nanyovibe sapuneske balonencar
la baignoire
kada nanyovimaske
le verre
tahtai
la machine à laver
makina thovimaske šeja
le robinet
češma
le carrelage
pločke
le pot
turako
le lavabo
lavabo

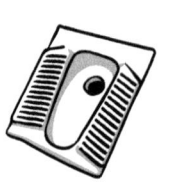

les toilettes

toaleti

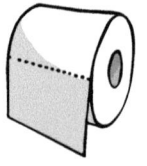

la toilette à la turque

toaleti bešimasa ko pundre

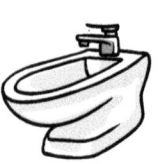

le bidet

bide

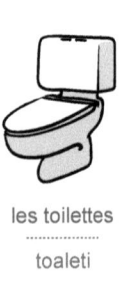

l'urinoir

pisoari

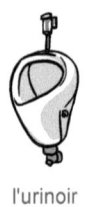

le papier toilette

toaletesko lil

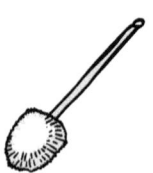

la brosse à toilette

frča toaleteske

la brosse à dents

danda thovimaski frča

le dentifrice

danda thovimaski krema

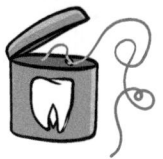

le fil dentaire

dandesko thav

laver

thovibe danda

la douche manuelle

vasteskoro tuši

la douche intime

tuši

la vasque

lavabo

la brosse dorsale

dumeski frča

le savon

sapuni

le gel douche

tуširimasko geli

le shampooing

šamponi

le gant de toilette

flanela

l'écoulement

kada ćidimaske pani

la crème

krema

le déodorant

dezodoransi

le miroir
ajna

le miroir cosmétique
vasteski ajna

le rasoir
žileti moravimaske

la mousse à raser
moravimaski pena

l'après-rasage
palal muravimaski krema

la peigne
kanglik

la brosse
frča

le sèche-cheveux
feni balenge

la laque pour cheveux
sprej balenge

le fond de teint
šminka

le rouge à lèvres
karmini

le vernis à ongles
oja najenge

l'ouate
pamuko pošom

le coupe-ongles
kata najenge

le parfum
parfemi

la trousse de toilette

gono thovimaske

le tabouret

sandaliya

le pèse-personne

tereziya

le peignoir

bademantili

les gants de nettoyage

gumena kalcunya

le tampon

tamponi

les serviettes hygiéniques

toaletno lil

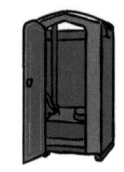

la toilette chimique

hemikano toaleti

la chambre d'enfant
čhavengi kamara

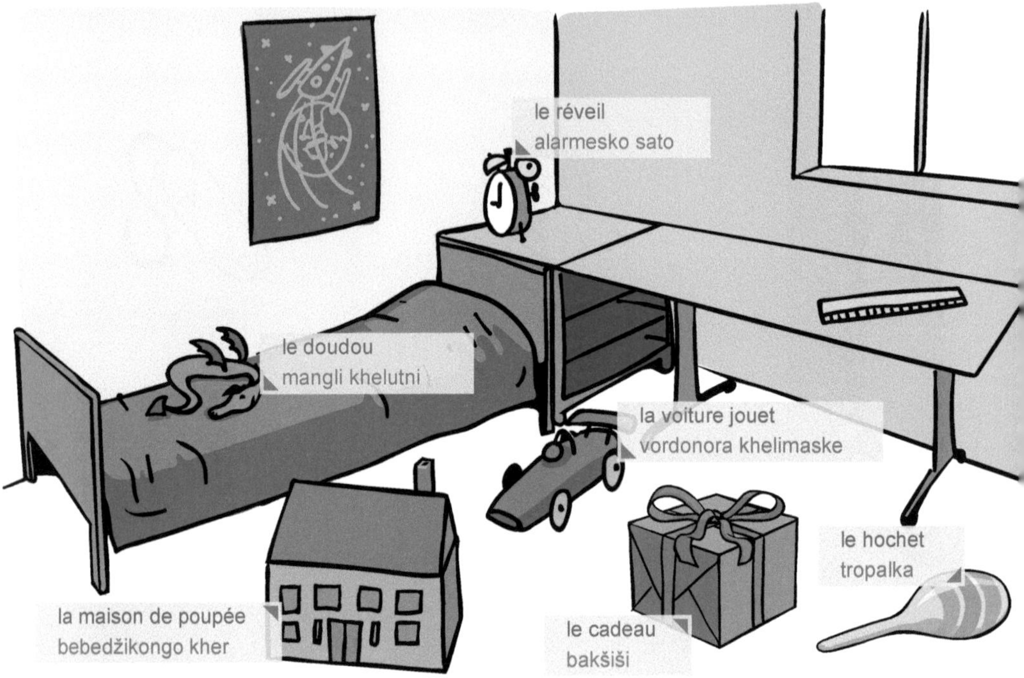
le réveil
alarmesko sato
le doudou
mangli khelutni
la voiture jouet
vordonora khelimaske
le hochet
tropalka
la maison de poupée
bebedžikongo kher
le cadeau
bakšiši

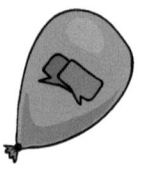

le ballon

baloni

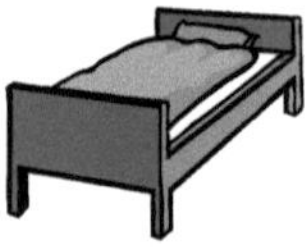

le lit

kreveto

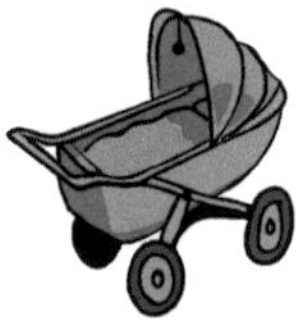

la poussette

bebengo vordon

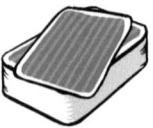

le jeu de cartes

špili karte

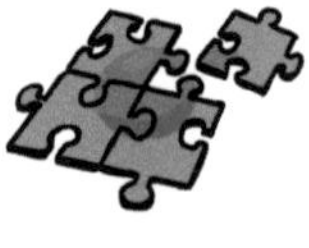

le puzzle

ker-rumin khelin

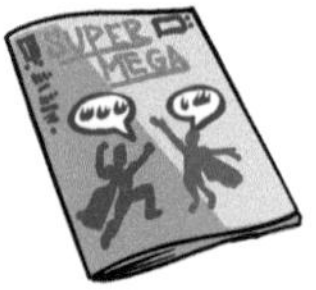
SUPER
MEGA

la bande dessinée

komikano lil

les pièces lego

lego kocke

les blocs de construction

kocke khelimaske

la figurine

akciaki figura

la grenouillère

bodi bebeske

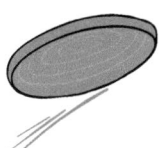

le frisbee

frizbi

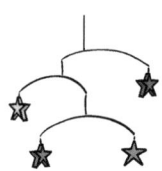

le mobile

mobile

le jeu de société

masa khelimaske

le dé

zari

le train miniature

pampuri khelimaske

la sucette

cucla

la fête

bahlana

le livre d'images

tasvirengo lil

la balle

topka

la poupée

bebedžiko

jouer

khelibe

le bac à sable

pošikako than

la balançoire

kuna

les jouets

khelimaske butya

la console de jeu

konzola video khelimaske

le tricycle

triciklo

l'ours en peluche

poftaneski ričini

l'armoire

garderoba

les vêtements

šeja

les chaussettes

kalcunya

les bas

khuvde kalcunya

le collant

hulahopke

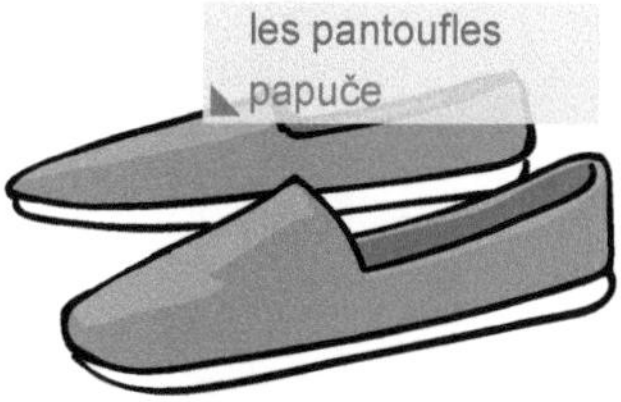

l'écharpe
momija

le parapluie
čadori

le t-shirt
maica

la ceinture
kaiši

les bottes
čizme

les pantoufles
papuče

les baskets
trenerke

les sandales

sandale

les chaussures

menije

les bottes de caoutchouc

gumena čizme

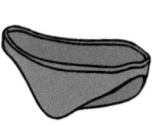

les sous-vêtements

sostenya

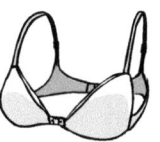

le soutien-gorge

eleko

le maillot de corps

jeleko

le body

bodi

le pantalon

pantalonya

le jean

farmerke

la jupe

suknya

le chemisier

bluza

la chemise

gat

le pull

puloveri

le sweat à capuche

dukseri

la veste

harno kaputi

la veste

džeketi

le manteau

kaputi

l'imperméable

biršimdesko mantili

le costume

kostimi

la robe

fustano

la robe de mariée

prandinako fustano

le costume

kostumi

la chemise de nuit

rakjako fustano

le pyjama

pižame

le sari

sari

le foulard

momija šereske

le turban

turbani

la burqa

burka

le caftan

kaftani

l'abaya

abaya

le maillot de bain

nangyovimaske šeja

le maillot de bain

buxle pantolonya

le short

harne pantolonya

la tenue d'entraînement

sporteske trenerke

le tablier

kecelya

les gants

vasteske kalcunya

le bouton

kopča

les lunettes

gjuzlukya

le bracelet

belegziya

le collier

mirikle

la bague

angrustik

la boucle d'oreille

čeni

le bonnet

stadik

le cintre

kaputeski čiviya

le chapeau

stadik

la cravate

kravata

la fermeture éclair

patenti

le casque

kaciga

les bretelles

dandenge proteze

l'uniforme scolaire

školaki uniforma

l'uniforme

uniforma

le bavoir
ligarka

la sucette
cucla

la lange
pherno

le bureau
ofiso

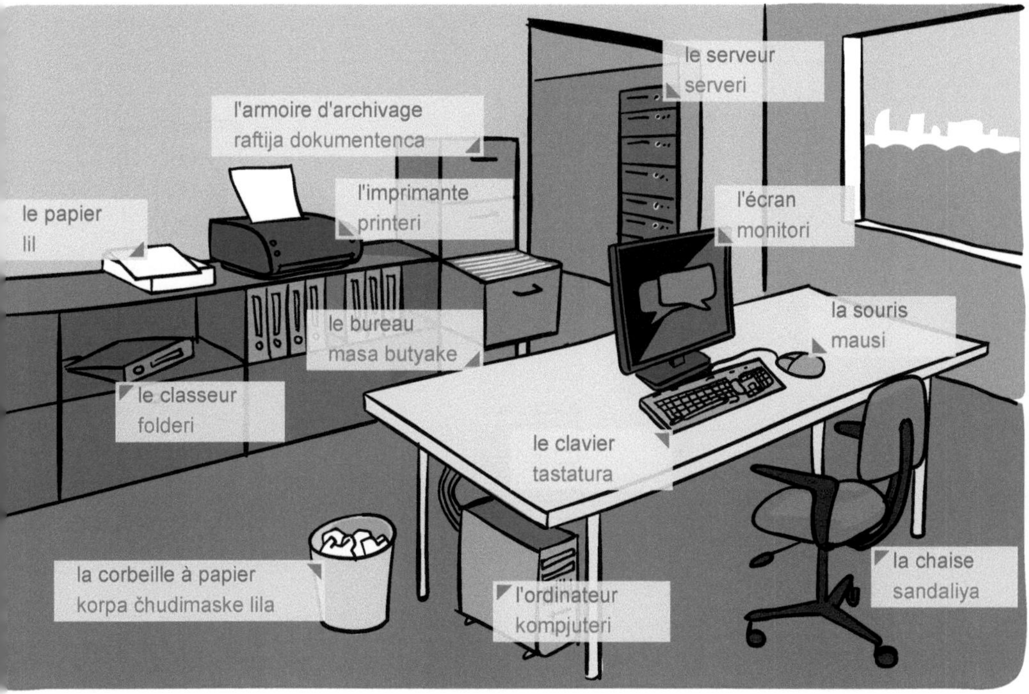

le serveur
serveri

l'armoire d'archivage
raftija dokumentenca

l'imprimante
printeri

l'écran
monitori

le papier
lil

la souris
mausi

le bureau
masa butyake

le classeur
folderi

le clavier
tastatura

la corbeille à papier
korpa čhudimaske lila

la chaise
sandaliya

l'ordinateur
kompjuteri

la tasse de café
fildžano kafake

la calculatrice
kalkulatori

l'internet
internet

l'ordinateur portable

laptop

la lettre

lil

le message

mesaži

le portable

mobilno telefono

le réseau

netvorko

la photocopieuse

kopirimaski makina

le logiciel

softveri

le téléphone

telefono

la prise

štekeri

le fax

faks makina

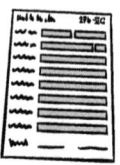

le formulaire

formulari

le document

dokumento

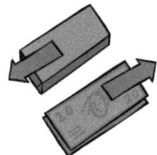

acheter
....
kinibe

payer
....
pokinibe

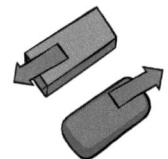

faire du commerce
....
kino-bikinibe

la monnaie
....
love

le dollar
....
dolari

l'euro
....
euro

le yen
....
jeni

le rouble
....
rublya

le franc suisse
....
švajcariako franko

le renminbi yuan
....
renminbi juan

la roupie
....
rupija

le distributeur automatique

....
lovengo automati

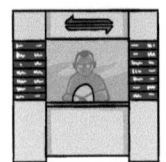

le bureau de change

biro baši devize

l'or

somnakaj

l'argent

rup

le pétrole

petroli

l'énergie

energia

le prix

fiyati

le contrat

kontrakto

la taxe

taksa

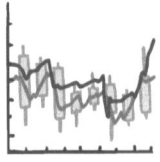

l'action

berzaki akcija

travailler

butikeribe

l'employé

butyarno

l'employeur

butyako dendutno

l'usine

fabrika

le magasin

dukyano

l'agent de police
Policiako oficero

le pompier
jagako aćhavutno

le cuisinier
habekerutno

le médecin
doktoro

le pilote
piloti

le jardinier

bavčako butyarno

le menuisier

tišleri

la couturière

šnajderka

le juge

krisuno

le chimiste

hemičari

l'acteur

akteri

le conducteur de bus

autobusesko šoferi

le chauffeur de taxi

taksisti

le pêcheur

mačhengo astarutno

la femme de ménage

užarutni

le couvreur

učharinengo kerutno

le serveur

kelneri

le chasseur

avdžija

le peintre

tasvirkerutno

le boulanger

furnadžia

l'électricien

elektrikako phirno

l'ouvrier

tamirutno

l'ingénieur

inžinjeri

le boucher

kasapi

le plombier

panjesko butyarno

le facteur

poštari

le soldat

askeri

l'architecte

arhitekto

le caissier

kasieri

le fleuriste

luludyari

le coiffeur

frizeri

le contrôleur

kondukteri

le mécanicien

mekanisti

le capitaine

kapetani

le dentiste

dandengo saslyarno

le scientifique

vigjanalo manuš

le rabbin

rabini

l'imam

imami

le moine

rašaj

le prêtre

rašaj

les outils

alatia

les pinces
silavja
le marteau
čekiči
le tournevis
šrafcigeri
la torche
fakeli
la clé
mekanikane nahtaria

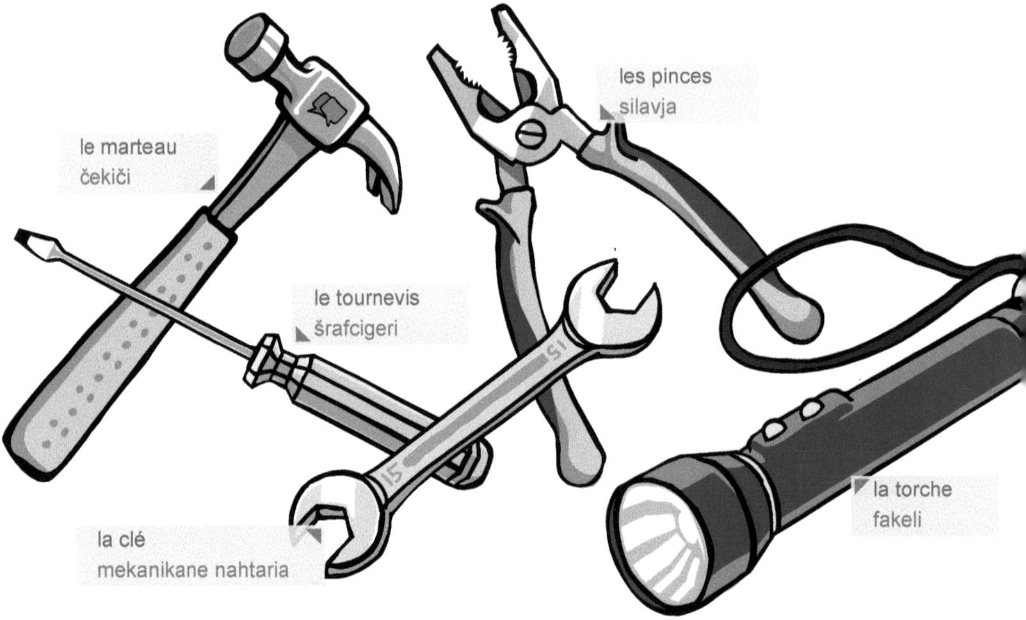

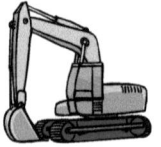

la pelleteuse
hrandimasko alati

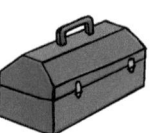

la boîte à outils
alateski kutia

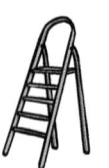

l'échelle
merdeveni

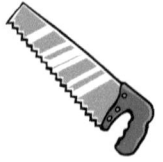

la scie
pila

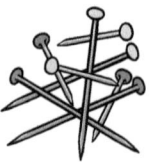

les clous
karfa

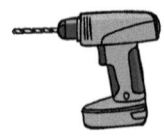

la perceuse
posavin

réparer

lačharkeribe

la pelle

lopata

Mince !

Naleti!

la pelle

vatrali

le pot de peinture

lonco bojimaske

les vis

šrafja

les instruments de musique
muzikane instrumentia

la batterie
davulenge butya

le haut-parleurs
bare avazesko šunutno

la guitare
gitara

la contrebasse
duplo bas

la trompette
truba

le piano

piano

le violon

kemana

la basse

bas

les timbales

timpani

le tambour

davulia

le piano électrique

sintisajzeri

le saxophone

saksafoni

la flûte

flejta

le microphone

mikrofoni

le tigre
tigari

l'entrée
khuvin

la cage
kafezi

le zèbre
zebra nakhimaski

l'alimentation animale
hajvanengo parvaripe

le panda
panda

les animaux

hajvania

l'éléphant

elefanti

le kangourou

kenguri

le rhinocéros

rino

le gorille

gorila

l'ours

ričini

le chameau

kamila

l'autruche

ostriga

le lion

aslani

le singe

majmuni

le flamand rose

flamingo

le perroquet

papagali

l'ours polaire

polarno ričini

le pingouin

pingvini

le requin

ajkula

le paon

pauno

le serpent

sap

le crocodile

krokodilo

le gardien de zoo

zoo arakhutno

le phoque

foka

le jaguar

jaguari

le poney

poni

le léopard

leopardi

l'hippopotame

hipo

la girafe

žirafa

l'aigle

zorale kandžengi paškin

le sanglier

bali

le poisson

mačho

la tortue

želka

le morse

morži

le renard

lumri

la gazelle

gazela

le zoo - zoo

l'american Football
Amerikako fudbali

le cyclisme
biciklizmo

le tennis
tenis

le basket-ball
basketboli

la natation
nangjovibe

le hockey sur glace
hokej ko paho

la boxe
boksi

le football
fudbali

le badminton
badmington

l'athlétisme
atletika

le handball
vasteskoboli

le ski
skiibe

le polo
polo

les activités
aktivitetia

sauter
hutibe
embrasser
deibe angali
rire
asaibe
marcher
phiribe
chanter
giljavibe
rêver
dikhibe suno
prier
azirikeribe
faire la bise
čumibe

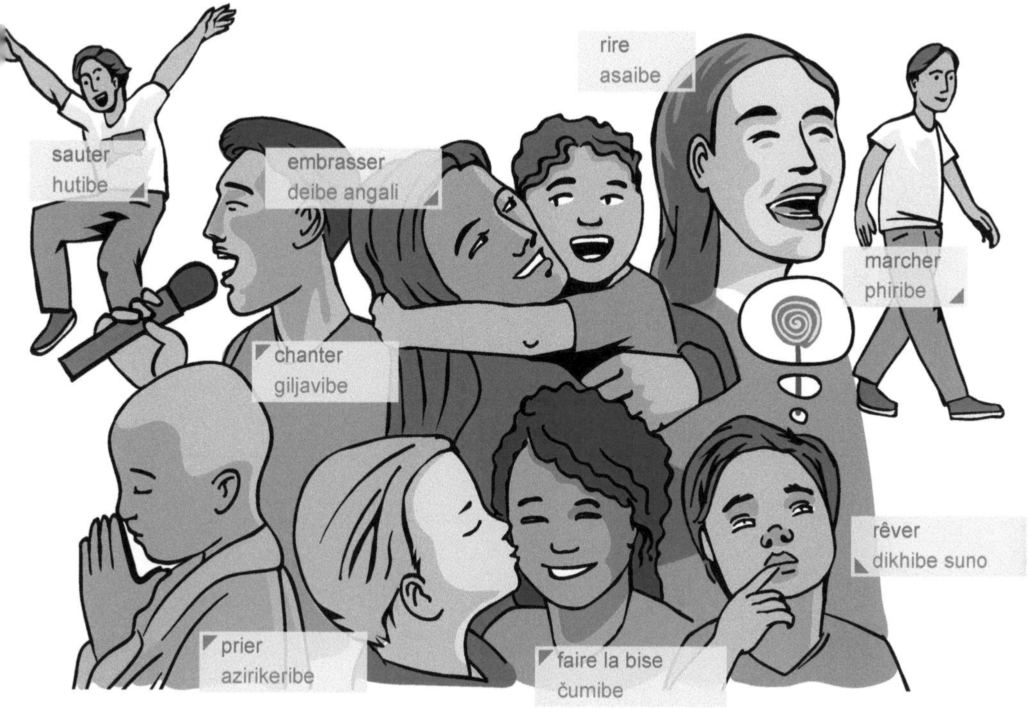

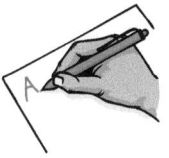

écrire
hramovibe

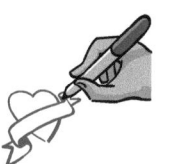

dessiner
čitribe

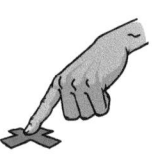

montrer
sikavibe

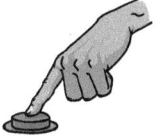

pousser
cidljaribe

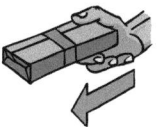

donner
deibe

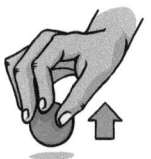

prendre
leibe

avoir

isibe

faire

keribe

être

te ovel

être debout

tergyovibe

courir

prastaibe

trier

cidibe

jeter

čhudibe

tomber

peribe

être couché

hovavibe

attendre

adžikeribe

porter

phiravibe

être assis

bešibe

s'habiller

urjavibe

dormir

sovibe

se réveiller

džangavibe

regarder

dikhibe ko

pleurer

rovibe

caresser

čalavibe

peigner

uhlavibr

parler

vakeribe

comprendre

haljovibe

demander

puč

écouter

šunibe

boire

piibe

manger

habe

ranger

užaribe

aimer

kamibe

cuire

keribe habe

conduire

paldibe vordon

voler

urjalibe

faire de la voile

vaporea džaibe

calculer

kalkulirin

lire

drabaribe

apprendre

sikljovibe

travailler

butikeribe

se marier

prandibe

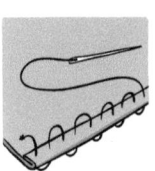

coudre

suvibe

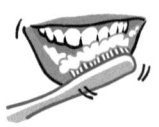

brosser les dents

thovibe danda

tuer

mudaribe

fumer

piibe dahani

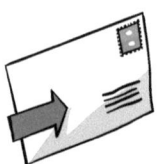

envoyer

bičhalibe

la grand-mère
nami

le grand-père
papu

le père
dat

la mère
daj

le bébé
bebe

la fille
čhaj

le fils
čhavo

l'hôte

misafiri

la tante

bibi

l'oncle

kako

le frère

phral

la sœur

phen

le corps
trupo

le front
čekat
l'œil
jakh
l'épaule
piko
le doigt
naj
le visage
muj
le menton
vilica
la main
vast
la jambe
pundro
la poitrine
čuči
le bras
musik

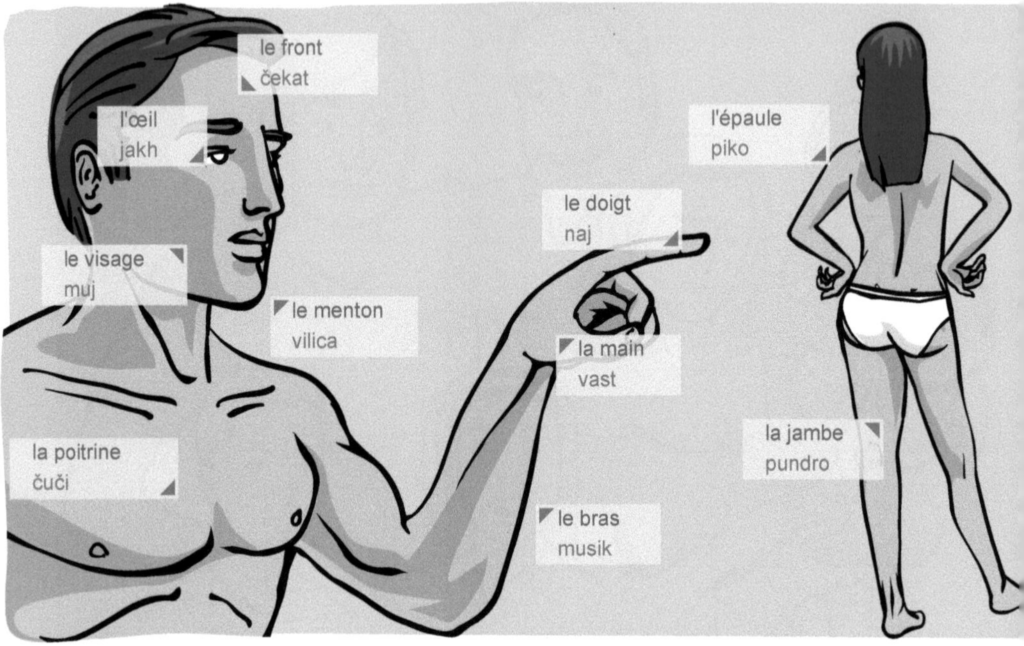

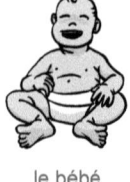

le bébé

bebe

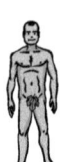

l'homme

murš

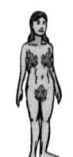

la femme

džuvli

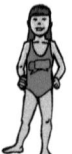

la fille

čhaj

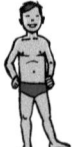

le garçon

ćhavo

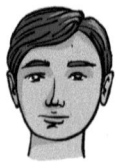

la tête

šero

le dos

dumo

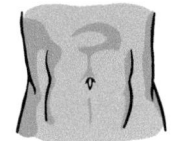

le ventre

maškar

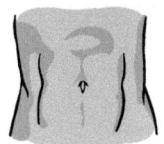

le nombril

pupko

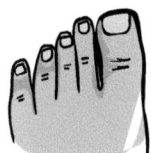

l'orteil

pundrenge naja

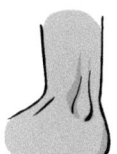

le talon

patum

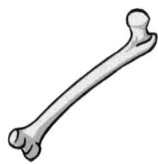

l'os

kokalo

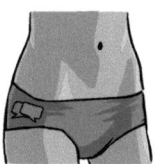

la hanche

kuko

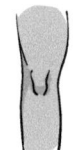

le genou

koč

le coude

lahci

le nez

nakh

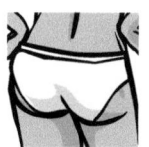

les fesses

bul

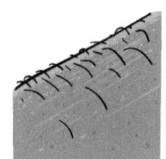

la peau

mortik

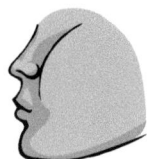

la joue

čham

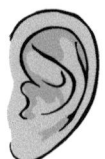

l'oreille

kan

la lèvre

voš

la bouche

muj

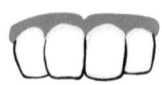

la dent

danda

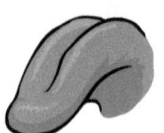

la langue

ćhib

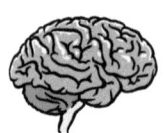

le cerveau

godi

le cœur

vilo

le muscle

muskulo

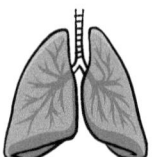

les poumons

kolin

le foie

buko

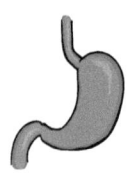

l'estomac

vogi

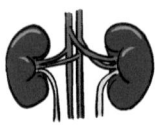

les reins

bubrekora

le rapport sexuel

seks

le préservatif

kondomi

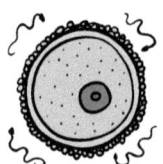

l'ovule

yarengi kletka

le sperme

sperma

la grossesse

khamnipe

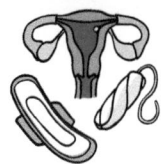

la menstruation

menstruaciya

le vagin

vagina

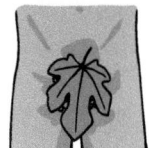

le pénis

penis

le sourcil

phov

les cheveux

bala

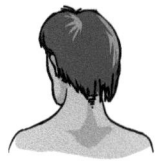

le cou

men

l'hôpital
hospitalo

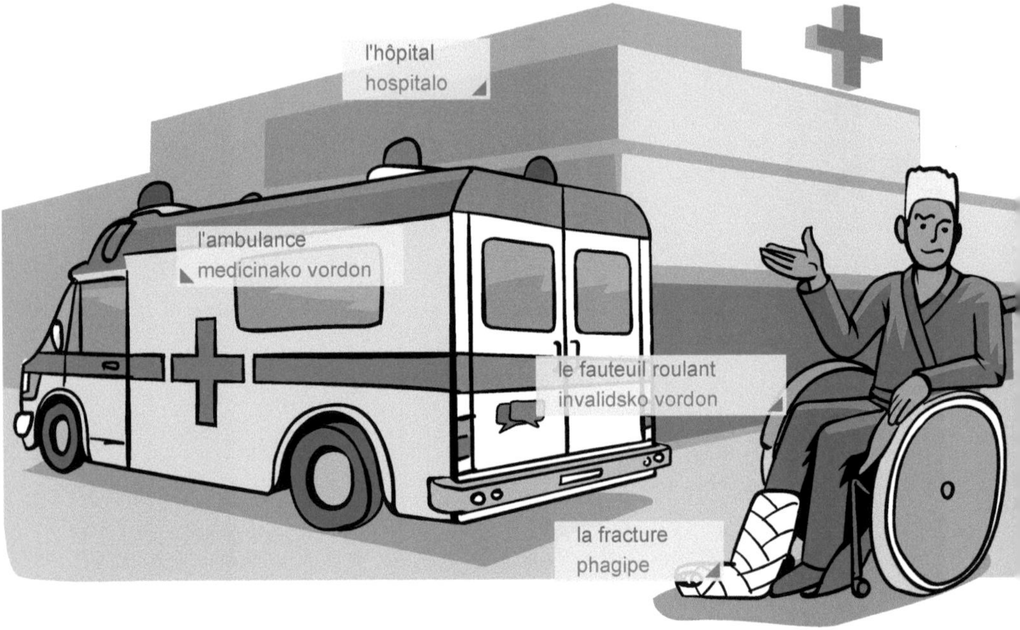

l'hôpital
hospitalo
l'ambulance
medicinako vordon
le fauteuil roulant
invalidsko vordon
la fracture
phagipe

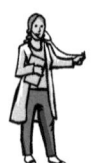

le médecin

doktoro

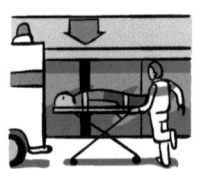

le service des urgences

sigyarimaski kamara

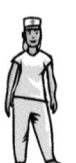

l'infirmière

medicinaki phen

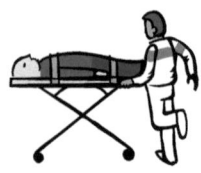

l'urgence

sigyaripen

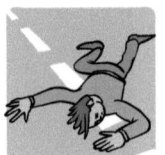

inconscient

ki koma

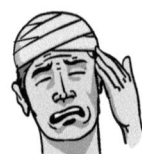

la douleur

dukh

la blessure

dukhavipen

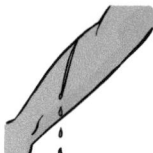

l'hémorragie

ratvaripe

la crise cardiaque

infrakto

l'attaque cérébrale

šlog

l'allergie

alergiya

la toux

khuinibe

la fièvre

tinanipe

la grippe

gripa

la diarrhée

diyarea

le mal de tête

šereski dukh

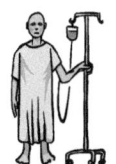

le cancer

kanceri

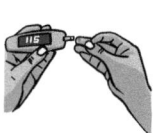

le diabète

diyabetes

le chirurgien

operaciya

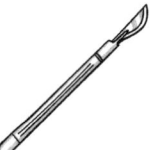

le scalpel

skalperi

l'opération

operaciya

le CT

CT

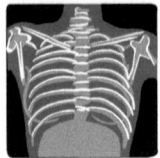

la radiographie

rentgen

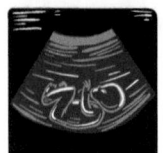

l'échographie

ultra avazo

le masque

mujeski maska

la maladie

nasvalipe

la salle d'attente

adžukyarimasko than

la béquille

paterica

le pansement

flastero

le pansement

phandimaski gaza

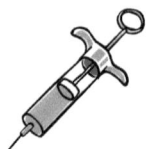

l'injection

inyekciya

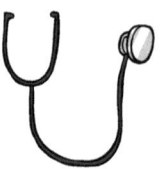

le stéthoscope

stetoskopo

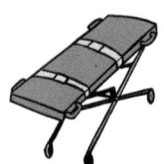

le brancard

tregero

le thermomètre

klinicko termometro

l'accouchement

biyanipe

la surcharge pondérale

baro thulipe

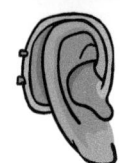

l'appareil auditif

ašunimasko aparato

le désinfectant

dezinfekciako

l'infection

infekciya

le virus

viruso

le VIH / le sida

HIV / SIDA

le médicament

medicina

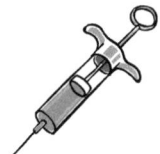

la vaccination

vakcinaciya

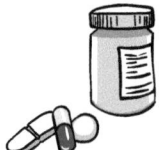

les comprimés

tabletura

la pilule

hapi

l'appel d'urgence

sigyarimasko akharipe

le tensiomètre

monitori vaš učo pretisak

malade / sain

nasvalo / sasto

Au secours !

Mažutisar!

l'alarme

alarmo

l'assaut

atako

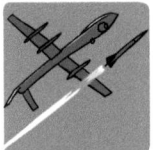

l'attaque

atako

le danger

dar buti

la sortie de secours

sigyarimasko iklyovipen

Au feu!

Bari jag!

l'extincteur

mamuj jagako aparati

l'accident

bibax

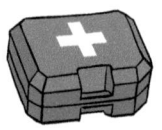

la trousse de premier
secours

butya avgo ažutimaske

SOS

SOS

la police

Policia

l'Europe

Evropa

l'Amérique du Nord

Utarali Amerika

l'Amérique du Sud

Purabali Amerika

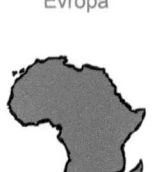

l'Afrique

Afrika

l'Asie

Azija

l'Australie

Australia

l'Océan atlantique

Atlantiko

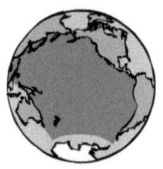

l'Océan pacifique

Pacifiko

l'Océan indien

Indiako Okeano

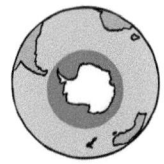

l'Océan antarctique

Antarktikosko Okeano

l'Océan arctique

Arktikosko Okeano

le Pôle nord

Utaralo poli

le Pôle sud

Purabalo poli

l'Antarctique

Antarktiko

la terre

phuv

le pays

phuv

la mer

samudra

l'île

džaziri

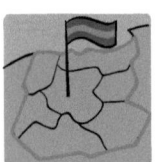

la nation

nacija

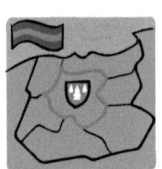

l'état

raštra

le cadran

saatosko gendo

l'aiguille des heures

saatoski sikavni

l'aiguille des minutes

dakikongi sikavni

l'aiguille des secondes

ekundarno saatoski sikavin

Quelle heure est-il ?

Kozom si o saato?

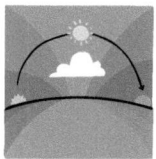

le jour

dive

le temps

vrama

maintenant

akana

la montre digitale

digitalno saato

la minute

dakika

l'heure

časo

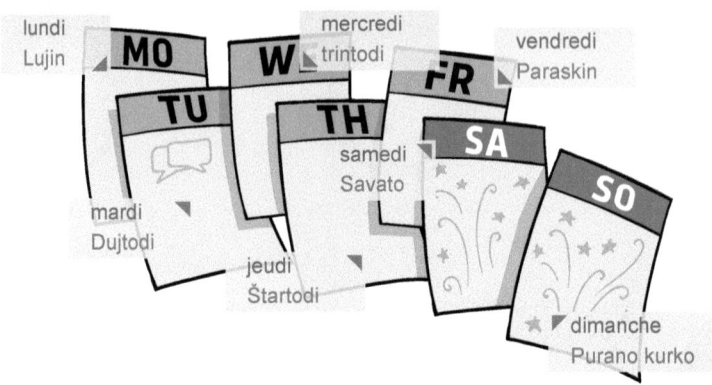

lundi
Lujin

mercredi
trintodi

vendredi
Paraskin

mardi
Dujtodi

samedi
Savato

jeudi
Štartodi

dimanche
Purano kurko

hier

erati

aujourd'hui

avdive

demain

tajsa

le matin

javin

le midi

ekvaš dive

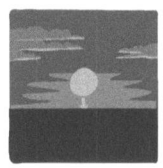

le soir

blevel

les jours ouvrables

butyarne divesa

le week-end

vikend

l'année
berš

la pluie
biršim
l'arc-en-ciel
renkali badalin
la neige
iv
le vent
bavlal
le printemps
anglonilaj
l'automne
palonilaj
l'été
nilaj
l'hiver
ivend

4.APRIL 11°
5.APRIL 4°
6.APRIL 13°
7.APRIL 8°
8.APRIL 10°

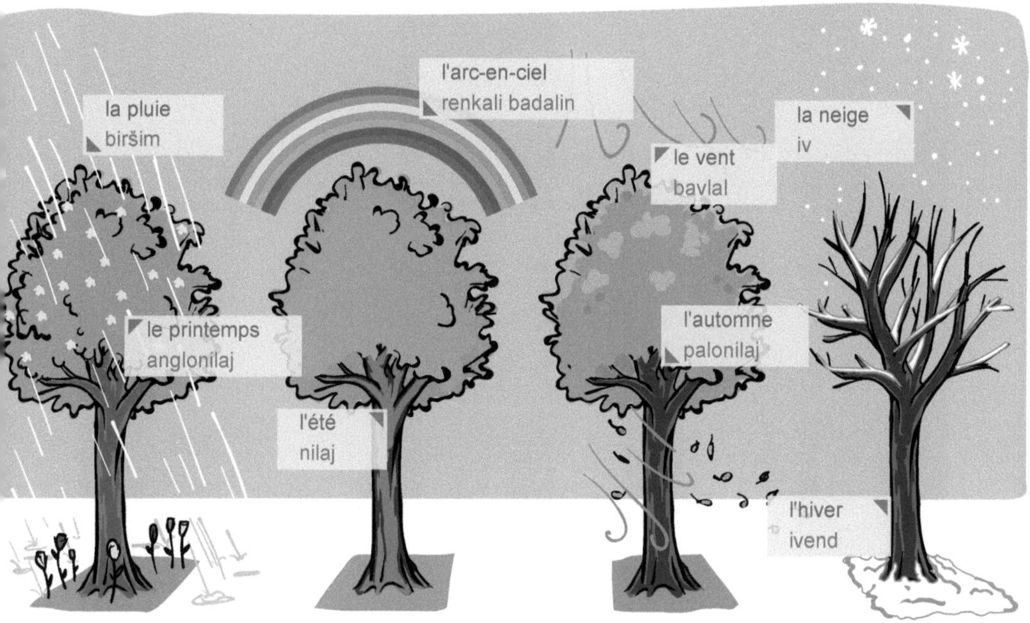

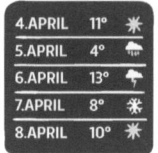

la météo

vramakoro vakeribe

F
C
120
90
60
30
0
-30
40
30
20
10
0
-10
-20

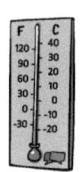

le thermomètre

termometro

la lumière du soleil

khamalo

le nuage

badal

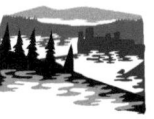

le brouillard

muhi

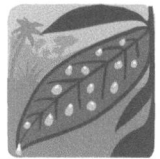

l'humidité

nemlime hava

la foudre

šemšekoja

la tonnerre

šemšekosko čalavibe

la tempête

bura

la grêle

kijameti

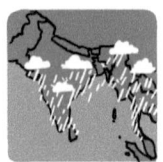

la mousson

monsuni

l'inondation

baro pani

la glace

paho

janvier

Januaro

février

Februaro

mars

Marto

avril

Aprilo

mai

Majo

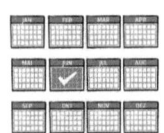

juin

Juno

juillet

Julo

août

Augusto

l'année - berš

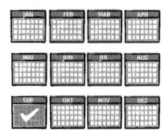

septembre
....
Septembro

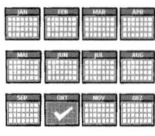

octobre
....
Oktombro

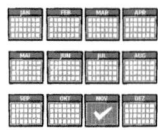

novembre
....
Novembro

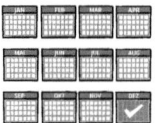

décembre
....
Dekembro

les formes
forme

le cercle
....
rota

le carré
....
kvadrati

le rectangle
....
rektanglo

le triangle
....
trianglo

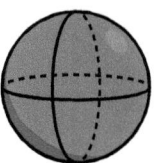

la sphère
....
sfera

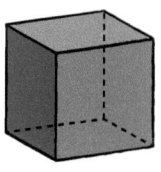

le cube
....
kocka

blanc

parni

jaune

galbeno

orange

pomarandža

rose

roze

rouge

loli

violet

lila

bleu

vunato

vert

harjali

marron

kafeno

gris

kuršumlija

noir

kali

beaucoup / peu

but / hari

fâché / calme

holjame / mudro

joli / laid

šuži / bišuži

le début / la fin

starto / agor

grand / petit

baro / tikno

clair / obscure

puterde bojako / phanle bojako

frère / soeur

phral / phen

propre / sale

užo / melalo

complet / incomplet

sahno / bisahno

le jour / la nuit

dive / rat

mort / vivant

mulo / dživdo

large / étroit

buvlo / tank

comestible / incomestible

hala pe / na hala pe

méchant / gentil

džungalo / šukar

excité / ennuyé

bare vogjea / bi vogjea

gros / mince

thulo / kišlo

le premier / le dernier

avgo / paluno

l'ami / l'ennemi

amal / dušmani

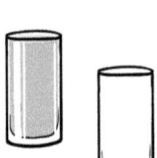

plein / vide

pherdo / čučo

dur / souple

zoralo / kovlo

lourd / léger

pharo / lokho

faim / soif

bokh / truš

malade / sain

nasvalo / sasto

illégal / légal

ilegalno / legalno

intelligent / stupide

godyaver / bigodyako

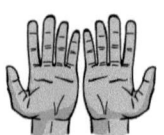

gauche / droite

bajan / dahin

proche / loin

paše / dur

nouveau / usé

nevo / purano

rien / quelque chose

khanči / vareso

vieux / jeune

phuro / terno

marche / arrêt

phabardo / ačhavdo

ouvert / fermé

puterdo / phanlo

faible / fort

mudro / bare avazeskoro

riche / pauvre

barvalo / čorolo

correct / incorrect

čačutno / došalo

rugueux / lisse

zoralo / kovlo

triste / heureux

mazuni / lošalo

court / long

skurto / lungo

lent / rapide

pohari / sigate

mouillé / sec

sapano / šuko

chaud / froid

tato / šudro

la guerre / la paix

mareba / sansari

les oppositions - mamujipena

0	**1**	**2**
zéro	un / une	deux
zero	jek	duj

3	**4**	**5**
trois	quatre	cinq
trin	štar	panč

6	**7**	**8**
six	sept	huit
šov	efta	ohto

9	**10**	**11**
neuf	dix	onze
enja	deš	dešujek

12

douze

dešuduj

13

treize

dešutrin

14

quatorze

dešuštar

15

quinze

dešupanč

16

seize

dešušov

17

dix-sept

dešefta

18

dix-huit

dešohto

19

dix-neuf

dešenja

20

vingt

biš

100

cent

šel

1.000

mille

milja

1.000.000

le million

milioni

l'anglais

Anglicko

l'anglais américain

Americko Anglicko

le chinois mandarin

Kinesko Mandarinsko

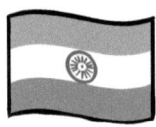

le hindi

Indisko

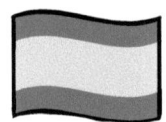

l'espagnol

Špansko

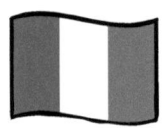

le français

Francusko

l'arabe

Arapsko

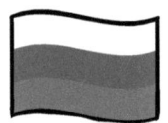

le russe

Rusko

le portugais

Portugalsko

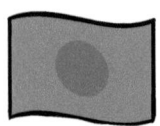

le bengali

Bengalsko

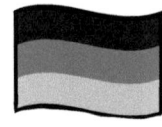

l'allemand

Nemicko

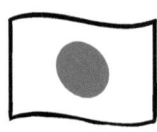

le japonais

Japansko

je
....
thaj

tu
....
tu

il / elle / ce, c', cela
....
ov / oj

nous
....
amen

vous
....
tumen

ils / elles
....
ola

Qui ?
....
ko?

Quoi ?
....
so?

Comment ?
....
sar?

Où ?
....
kote?

Quand ?
....
kana?

le nom
....
anav

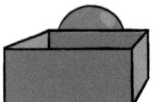

derrière
....
palal

dans
....
andre

devant
....
anglal o

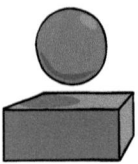

au-dessus
....
upral

sur
....
an

en-dessous
....
telal

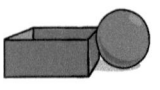

à côté de
....
trujal

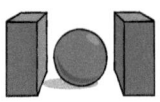

entre
....
maškaral

le lieu
....
than